Katrin Wemmer

Phonologische Bewusstheit entwickeln 1

Laute, Silben und Reime

Persen Verlag

Die Autorin

Katrin Wemmer ist Förderschullehrerin und Autorin zahlreicher Unterrichtshilfen.

Gedruckt auf umweltbewusst gefertigtem, chlorfrei gebleichtem und alterungsbeständigem Papier.

1. Auflage 2011
© Persen Verlag, Buxtehude
AAP Lehrerfachverlage GmbH
Alle Rechte vorbehalten.

Das Werk als Ganzes sowie in seinen Teilen unterliegt dem deutschen Urheberrecht. Der Erwerber des Werkes ist berechtigt, das Werk als Ganzes oder in seinen Teilen für den eigenen Gebrauch und den Einsatz im eigenen Unterricht zu nutzen. Downloads und Kopien dieser Seiten sind nur für den genannten Zweck gestattet, nicht jedoch für einen weiteren kommerziellen Gebrauch, für die Weiterleitung an Dritte oder für die Veröffentlichung im Internet oder in Intranets. Die Vervielfältigung, Bearbeitung, Verbreitung und jede Art der Verwertung außerhalb der Grenzen des Urheberrechtes bedürfen der vorherigen schriftlichen Zustimmung des Verlages.

Illustrationen: Barbara Gerth
Satz: Satzpunkt Ursula Ewert GmbH

ISBN 978-3-8344-**3068**-7

www.persen.de

Inhaltsverzeichnis

1 Vorwort 4

2 Konzeption 5

3 Silben in Wörtern
  Silben klatschen – Silbenbögen malen................ 7
  Silben klatschen und verbinden 11
  Spiel: Der Schatz im Silben-See 19

4 Reimwörter
  Reimpaare/Reimtrios verbinden 23
  Reimwörter ausschneiden und kleben 30
  Reim-Domino 37
  Reim-Memory 40
  Reim-Bingo... 43

5 Anlaute (Konsonanten und Vokale)
  Hören und verbinden 46
  Hören und einkreisen...................................... 53
  Anlaut-Memory 59
  Anlaut-Domino 62

6 Auslaute
  Hören und einkreisen...................................... 65
  Anlaut-Auslaut-Domino 67

7 Inlaute
  Hören, ausschneiden und einkleben................ 70

8 Der Laut-Zug 76

1 Vorwort

Phonologische Bewusstheit bezeichnet die Fähigkeit, unabhängig von der Bedeutungsebene der gesprochenen Sprache die formalen lautlichen Aspekte in den Blick zu nehmen. Lautliche Elemente in der gesprochenen Sprache wahrzunehmen und damit manipulativ umgehen zu können, erfordert phonologische Bewusstheit. Man unterscheidet hierbei zwischen der phonologischen Bewusstheit im *weiteren* und im *engeren* Sinne. Phonologische Bewusstheit im weiteren Sinne bezieht sich auf größere (leichter fassbare) lautliche Einheiten wie Silben und Reime. Phonologische Bewusstheit im engeren Sinne befasst sich mit den kleinsten lautlichen Einheiten, den Phonemen. Sie gewinnt vor allem mit dem Erwerb der Schriftsprache an Bedeutung, wenn es um die Erkennung gleicher An-, In- und Auslaute oder um die Bestimmung der Phonemanzahl zur Unterstützung der Verschriftlichung eines Wortes geht (vgl. Forster/Martschinke. Leichter lesen und schreiben lernen mit der Hexe Susi. Donauwörth, 2003). Diese Fähigkeiten – Wörter in eben diese kleinen lautlichen Einheiten zu zerlegen, sie wieder zusammenzusetzen und ihnen eine Bedeutung zuzuweisen – bilden die Basis für einen erfolgreichen Schriftspracherwerb.

Kinder richten ihre Aufmerksamkeit zunächst jedoch nur auf den bisher für sie bedeutsamen Aspekt von Sprache: den inhaltlichen Aspekt. Oft erst zum Schuleintritt im Hinblick auf das Erlernen des Lesens und Schreibens bekommt Sprache für sie jedoch einen weiteren Aspekt: den lautlichen Aspekt. Das Bewusstsein dafür, dass Sprache auch einen formalen Aspekt hat, eben die beschriebene phonologische Bewusstheit, müssen Kinder aber erst lernen.

Verschiedene Studien belegen einen kausalen Zusammenhang zwischen phonologischer Bewusstheit und einem erfolgreichen Schriftspracherwerb sowie der basalen Bedeutung über die ersten Schritte des Schriftspracherwerbs hinaus für weiterführende Lese-Rechtschreib-Prozesse (vgl. Wagner/Torgesen. Changing relations between phonological processing abilities and word-level-reading as children develop from beginning to skilled learners. Developmental Psychology, 3/1997, S. 468–479 sowie Einsiedler/Kirschock, Forschungsergebnisse zur phonologischen Bewusstheit. In: Grundschule, 9/2003, S. 55–57).

Phonologische Bewusstheit ist eine wichtige Voraussetzung für den Schriftspracherwerb, steht jedoch auch mit diesem in Wechselwirkung und ist ebenso ein wichtiger Begleitprozess. Phonologische Bewusstheit im weiteren Sinn (Reimerkennung, Silbensegmentierung) bezieht noch keine Laut- oder Buchstabenkenntnis mit ein. Die Entwicklung der phonologischen Bewusstheit im engeren Sinn (Laute differenzieren, Lautanzahl bestimmen) kann sich jedoch erst dann vollständig entwickeln, wenn Kinder sich mit dem alphabetischen Schriftsystem beschäftigen (vgl. Forster/Martschinke. Leichter lesen und schreiben lernen mit der Hexe Susi. Donauwörth, 2003).

Idealerweise sollte bereits in vorschulischen Einrichtungen mit der Förderung der phonologischen Bewusstheit begonnen und diese, im Hinblick auf die oben beschriebene Wechselwirkung, in der Schule fortgeführt werden. Ein Training der phonologischen Bewusstheit sollte im Optimalfall mit Übungen zu Silben und Reimen beginnen und begleitend mit den Anfängen des Schriftspracherwerbs die Fähigkeiten zur Lautdifferenzierung und -analyse in den Fokus des Trainings nehmen.

2 Konzeption

Das Material zum Training der phonologischen Bewusstheit im weiteren Sinne ist als Aufgaben-Fundus und nicht als linear durchzuführendes Trainingsprogramm gedacht. Es ist sowohl vor dem Schulbeginn, als auch in den ersten Wochen und Monaten nach Schuleintritt, zur Förderung von Kindern mit Lese-Rechtschreib-Schwierigkeiten und in der sprachtherapeutischen bzw. logopädischen Förderung einsetzbar. Grundsätzlich ist eine Orientierung an den Vorkenntnissen des jeweiligen Kindes für den Einsatz der Materialien sinnvoll.

Um einen gezielten Einsatz der Materialien zu ermöglichen ist es sinnvoll, vor Beginn der Förderung die Fähigkeiten im Bereich der phonologischen Bewusstheit zu testen. Eine ausführliche Diagnostik kann im Rahmen dieses Materialbandes natürlich nicht geleistet werden. Wer sich hier mit einem erprobten und hinsichtlich verschiedener Gütekriterien überprüften Test absichern will, kann zwischen dem *ARS* (Martschinke u. a. 2005), dem *BISC* (Jansen u. a. 2002), dem *Rundgang durch Hörhausen* (Martschinke u. a., 2004) oder dem *Heidelberger Vorschulscreening* (Brunner u. a., 2001) wählen. Alle Tests eignen sich zur Messung von phonologischer Bewusstheit im Kindergarten und zu Beginn der Schulzeit.

Aufbau des Buches

Die wesentlichen Bereiche der phonologischen Bewusstheit im weiteren Sinne, die Bereiche Silben und Reime, sind die Schwerpunkte dieses Bandes.

Silben bilden den natürlichen Sprechrhythmus der Sprache. Dies ist den Kindern in der Regel durch Abzählverse vertraut. Durch eine bewusste Segmentierung in Silben kommt es zu einer Verlangsamung der Sprache. Dies eignet sich gut, um auf die Phonemanalyse vorzubereiten. Reimaufgaben knüpfen ebenfalls an die Erfahrungen im Kindergarten an und lenken die Aufmerksamkeit der Kinder in spielerischer Form auf den Lautaspekt von Sprache (vgl. Crämer, Füssenich & Schuhmann, 1996).

Meiner Erfahrung nach fällt vielen Kindern (vor allem jenen mit mehr oder weniger starken Entwicklungsverzögerungen im sprachlichen Bereich) der Zugang zum formalen Aspekt über die Übungen zur Silbe leichter, als bei Reimaufgaben. Hier ist vor allem bei einer isolierten Betrachtung/Zuordnung der inhaltliche Aspekt oft noch lange bedeutsamer. Bei einer Zuordnung nach Silbenanzahl fällt den Kindern die Loslösung vom inhaltlichen Aspekt oft leichter. Daher beginne ich mit Übungen zur Silbe.

Bereits die ersten Übungen zur Silbensegmentierung beziehen die Silbenkennzeichnung durch Silbenbögen mit ein, damit die Kinder sich schnell daran gewöhnen. Eine anderweitige Kennzeichnung, z. B. durch Punkte, eignet sich nicht (auch wenn dies den Kindern graphomotorisch oft leichter fällt), da die Punkte für die spätere Kennzeichnung der einzelnen Laute eines Wortes „reserviert" sein sollten. Der Vorteil von Silbenbögen gegenüber Punkten ist, dass sie parallel zum Sprechen des Wortes gezeichnet werden können. So haben die Kinder zusätzlich zu dem vorherigen Klatschen des Wortes eine Möglichkeit, ihr Ergebnis zu überprüfen.

Die **Arbeitsblätter zur Silbensegmentierung** sind weitgehend thematisch geordnet, sodass sie zugleich im Rahmen der Wortschatzarbeit einsetzbar sind. Um die entsprechenden Wortschatzbereiche zu festigen, wird in den unterschiedlichen Übungsformen immer wieder auf das gleiche Wortmaterial zurückgegriffen.

Da der Bereich **Reime** viele Kinder vor größere Schwierigkeiten stellt, ist hierfür umfangreiches Übungsmaterial erstellt worden. Die Aufgaben zu Reimen beginnen mit artikulatorisch und auditiv verhältnismäßig leicht zu differenzierenden Reimen.

Es geht im Bereich der Laute lediglich um die auditive Differenzierung. **Die Position des Lautes ist immer vorgegeben. Es werden keine Buchstaben verwendet,** um den Fokus ganz auf die auditive Wahrnehmung zu legen. **Übungen zur Laut-Buchstaben-Zuordnung sowie zur Lautlokalisationsbestimmung folgen in Band 2.**

Der jeweilige Übungsbereich ist durch den Zug in der Kopfzeile der Arbeitsblätter erkennbar. Die Kopiervorlage des Zuges kann auch als Hilfestellung laminiert und beim Vorsprechen des Wortes mit dem Finger zur besseren Verdeutlichung abgefahren werden. Durch das Symbol auf jedem Arbeitsblatt wird auch den Kindern deutlich, worauf sie ihr Augen- bzw. „Ohren-"merk richten sollen.

Die jeweiligen Übungsbereiche sind in **drei bzw. vier Schwierigkeitsstufen** eingeteilt. Dies wird **durch die Anzahl der Sternchen in der Fußzeile deutlich.**

Jeder Bereich wird durch **Spielmaterial** ergänzt, das in der Freiarbeit oder zum Abschluss des Trainings als Belohnung eingesetzt werden kann.

2. Konzeption

Arbeit mit dem Material

Grundsätzlich sind die Materialien als **Kopiervorlagen** konzipiert. Es ist jedoch natürlich auch möglich und sicher bei manchen Übungen sinnvoll, die Arbeitsblätter zu laminieren und als wiederverwendbares Material für die freie Arbeit einzusetzen. Besonders bei den **Arbeitsblättern zum Verbinden** bietet sich das Laminieren an, da Fehlerkorrekturen nun leichter vorgenommen werden können. Wenn die gezogenen Linien erst einmal radiert werden müssen, verlieren viele Kinder schnell den Überblick. Zusätzlich können verschiedenfarbige Stifte zum Verbinden genutzt werden, um die Verbindungen zu verdeutlichen.

Ergänzend zu den Arbeitsblättern zur Silbensegmentierung sollten mit den Schülerinnen und Schülern Übungen zur Isolierung bestimmter Silben eines Wortes durchgeführt werden. Das Wort *Banane* sollte also zunächst geklatscht werden und dann sollten die Schülerinnen und Schüler wahlweise nur die erste, zweite oder dritte Silbe benennen können.

Das **Silben-Spiel „Schatz im Silbensee"** hat ein ganz einfaches Spielprinzip, welches beliebig erweitert werden kann. Grundsätzlich geht es nur darum, möglichst als Erster zum Schatz zu gelangen. Dafür wird jedoch nicht gewürfelt, sondern es werden Kärtchen von einem verdeckten Stapel gezogen. Nun darf entsprechend der Silbenanzahl des gezogenen Kärtchens vorwärts gerückt werden. Hierbei ist durchaus Kreativität gefragt. Denn wer mit Go-ril-la schon weit kommt, der kommt mit Go-ril-la-männ-chen noch sehr viel weiter. Natürlich können die Silbenkarten durch Aktivitäts-Karten ergänzt werden (z. B. einmal aussetzen; den nächsten Zug rückwärts machen; einmal um den Tisch hinken; die nächste Karte nicht ziehen, sondern mit einem Strohhalm ansaugen ...). Alternativ zu Aktivitäts-Karten können einzelne Felder auf dem Spielplan markiert und mit entsprechenden Aufgaben oder Extra-Punkten belegt werden. Eine Regel könnte z. B. sein, dass derjenige, der zuerst über den Säbel läuft, gleich noch eine Karte ziehen darf. Sicher fallen Ihnen oder den Kindern auch selbst noch diverse Spielerweiterungen ein. Der Spielplan sollte auf feste Pappe kopiert und ggf. laminiert werden. Die thematisch angeordneten Karten können am besten auf unterschiedlich farbiges Papier kopiert werden. Das erleichtert das Sortieren für den getrennten Einsatz im Rahmen der Wortschatzarbeit.

Das **Reim-Domino** habe ich in zwei verschiedenen Umfängen hergestellt. Um die Karten beider Varianten nicht zu vermischen, sollten diese ebenfalls auf unterschiedlich farbiges Papier kopiert und laminiert werden.

Das **Reim-Memory** ist in drei Teile gegliedert, wobei lediglich der Teil 1 eine inhaltliche Unterscheidung darstellt. Hierfür wurden nur leicht zu unterscheidende Reimpaare gewählt. Die drei Teile des Memorys können als drei Einzelspiele oder aber auch komplett als ein Spiel eingesetzt werden. Je nach Art des Einsatzes sollte hier ebenfalls an die Verwendung verschiedenfarbigen Papiers gedacht werden.

Die Domino- bzw. Memory-Karten können z. B. auch für jeden Schüler kopiert, von diesen selbst ausgemalt und als Spiel für zu Hause laminiert werden.

Das **Reim-Bingo** hat, wie die übrigen Spiele auch, eine ganz einfache Spielregel. Es kann nur zu zweit gespielt werden. Jedem Spieler wird ein inneres Punktefeld (3 × 3) zugeordnet. Man läuft entlang des äußeren Ringes. Die Schrittanzahl wird durch Würfeln bestimmt. Landet ein Spieler z. B. auf dem *Haus*, so bekommt derjenige einen Punkt für sein Bingofeld, der das entsprechende Reimwort hat (auch wenn er selbst gar nicht gelaufen ist). Er darf dann auf das Reimwort (in diesem Fall *Maus*) in seinem Punktefeld ein Plättchen oder einen Muggelstein legen. Variante: Es darf nur dann ein Punkt aufs Feld gelegt werden, wenn man selbst gelaufen ist. Kommt man durch seinen Spielzug auf einen Reimpartner des Gegners, darf ggf. der Stein, der dafür schon auf dessen Punktefeld liegt, entfernt werden. Das Spielende und somit die Spieldauer kann ebenfalls variiert werden. Entweder hat derjenige gewonnen, der zuerst ein „Bingo" hat (drei Steine in einer Reihe) oder aber das Spiel ist erst beendet, wenn ein Spieler das gesamte Punktefeld belegt hat. Natürlich können zu diesem Spiel auch wieder die unterschiedlichsten Zusatzregeln gefunden werden. Ihrer Kreativität und der Ihrer Schülerinnen und Schüler sind keine Grenzen gesetzt!

Das **Anlaut-Domino** habe ich in zwei verschiedenen Umfängen hergestellt. Um die Karten beider Varianten nicht zu vermischen, sollten diese ebenfalls auf unterschiedlich farbiges Papier kopiert und laminiert werden.

Beim **Anlaut-Auslaut-Domino** muss zum Auslaut des einen Wortes (rechte Kartenseite) ein Wort mit passendem Anlaut (linke Kartenseite) zugeordnet werden. Auch dieses Domino gibt es in zwei verschiedenen Umfängen.

Wie oft musst du klatschen?

Male Silbenbögen unter die Bilder.

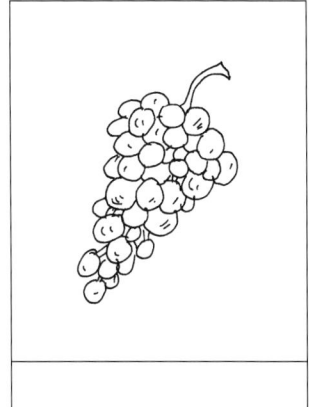

Wie oft musst du klatschen?
Male Silbenbögen unter die Bilder.

   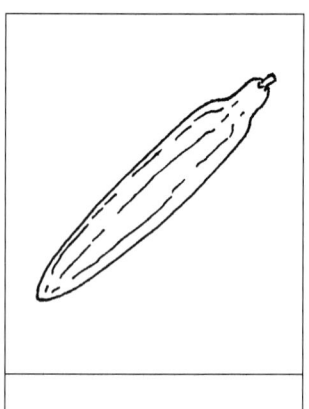

   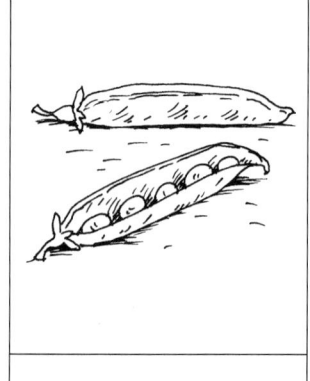

 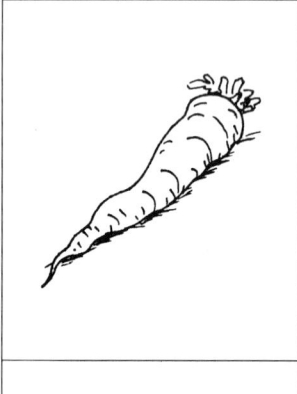  

 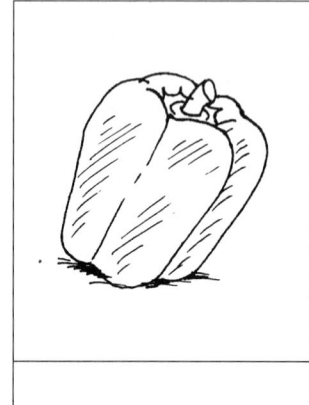  

 **Wie oft musst du klatschen?**

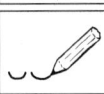 **Male Silbenbögen unter die Bilder.**

 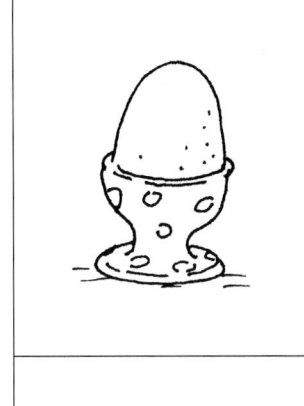  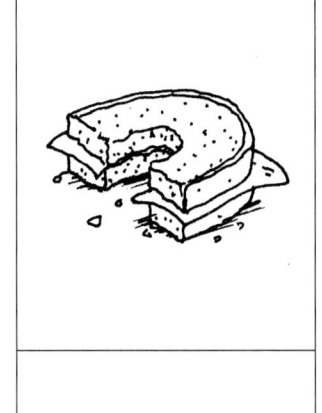

Wie oft musst du klatschen?
Male Silbenbögen unter die Bilder.

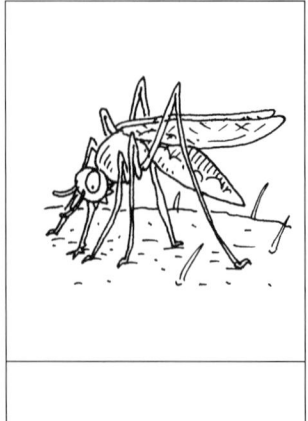   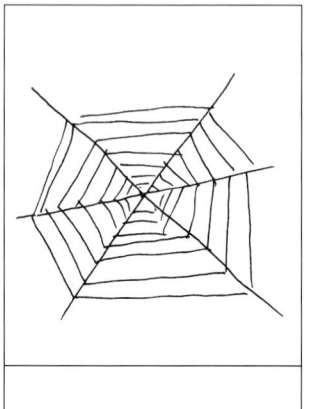

 # Wie oft musst du klatschen?

 Verbinde mit dem richtigen Würfel.

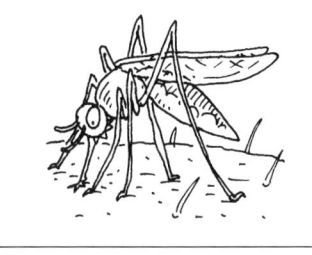

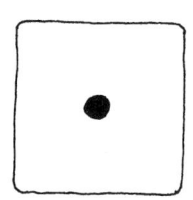
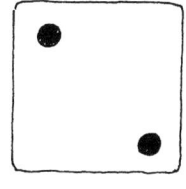

 **Wie oft musst du klatschen?**

 **Verbinde mit dem richtigen Würfel.**

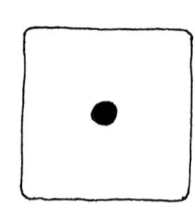
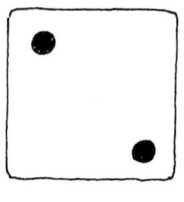
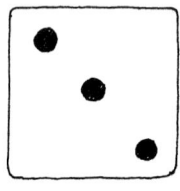

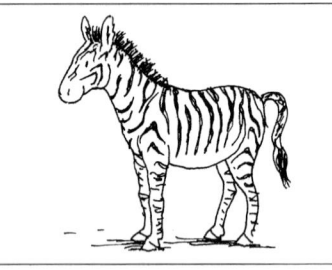

 **Wie oft musst du klatschen?**

 **Verbinde mit dem richtigen Würfel.**

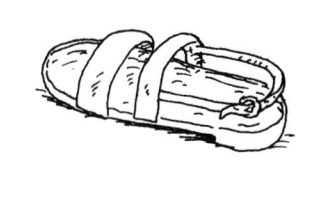

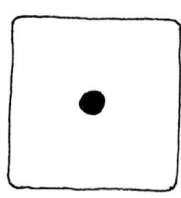
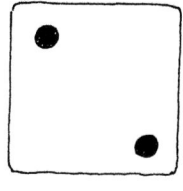
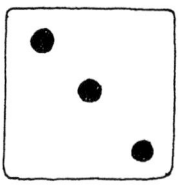

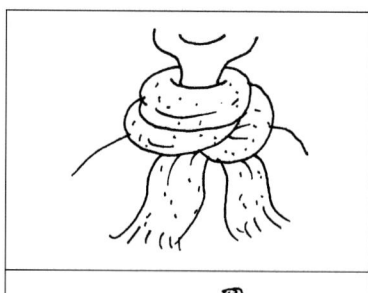
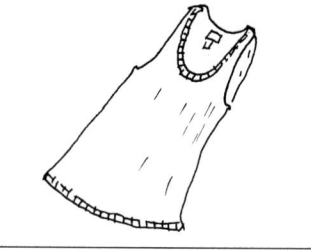

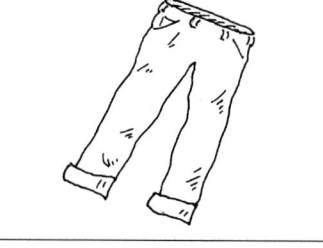
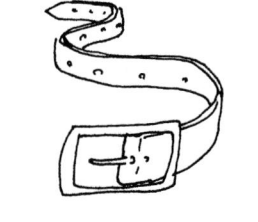

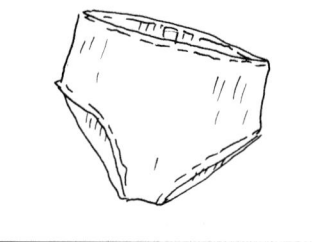

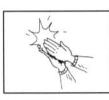
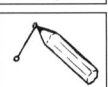

Wie oft musst du klatschen?
Verbinde mit dem richtigen Würfel.

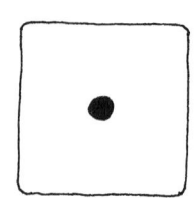
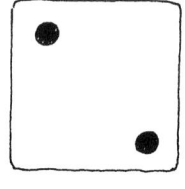

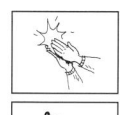 Wie oft musst du klatschen?

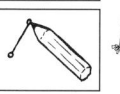  Verbinde mit dem richtigen Kind.

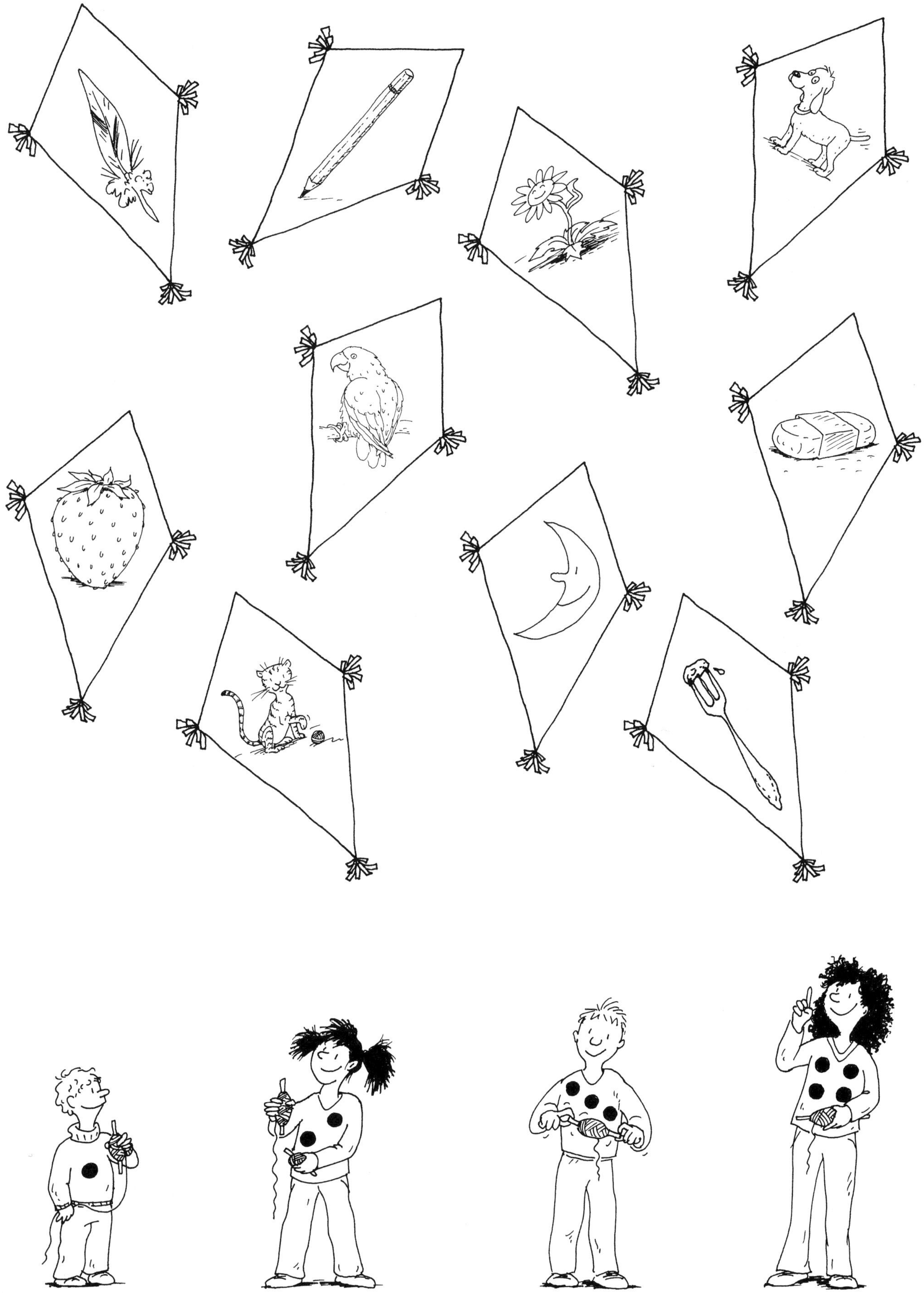

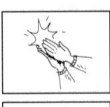 **Wie oft musst du klatschen?**

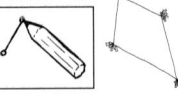 **Verbinde mit dem richtigen Kind.**

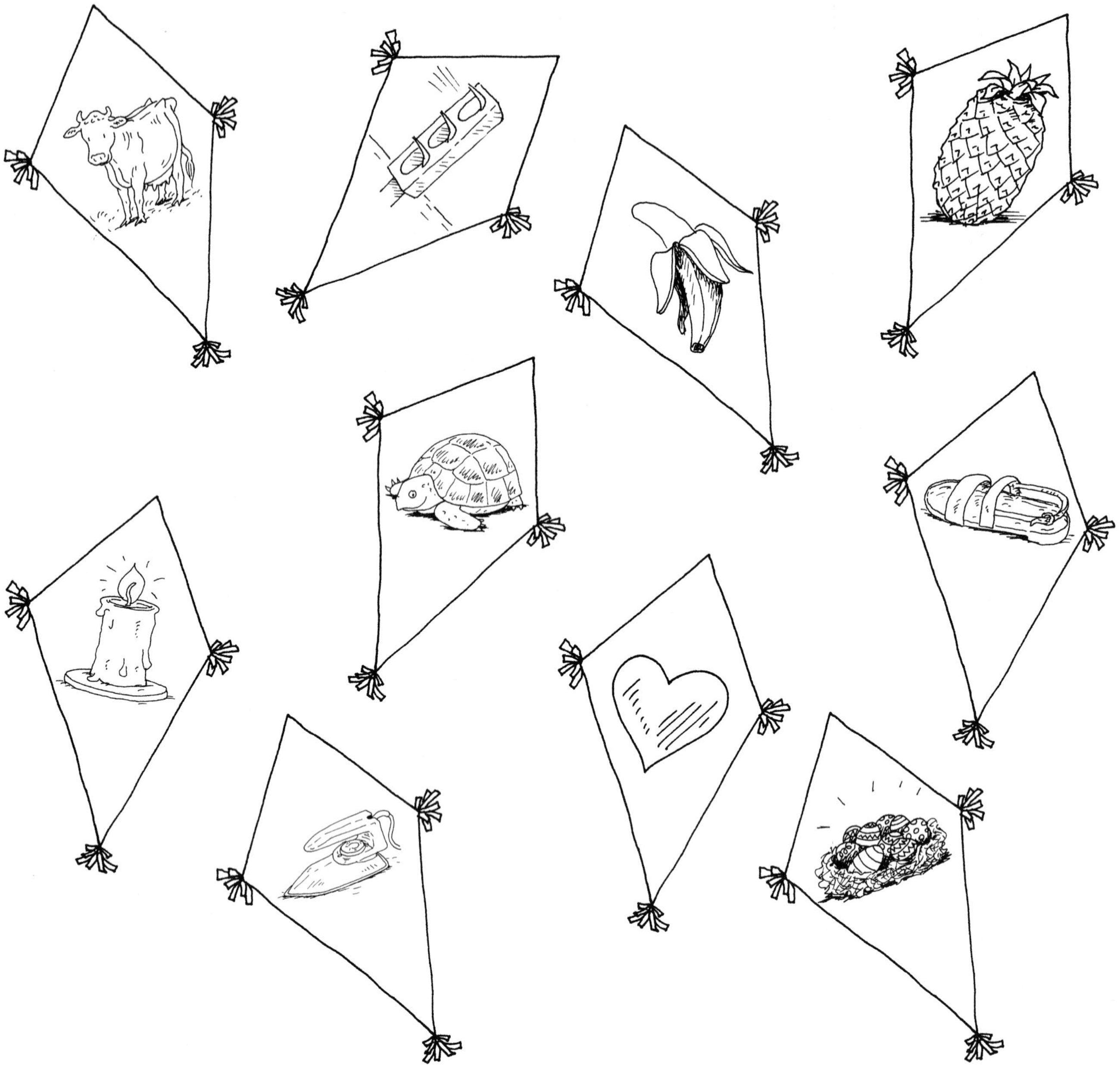

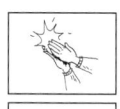 Wie oft musst du klatschen? 
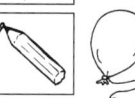 Verbinde mit dem richtigen Kind.

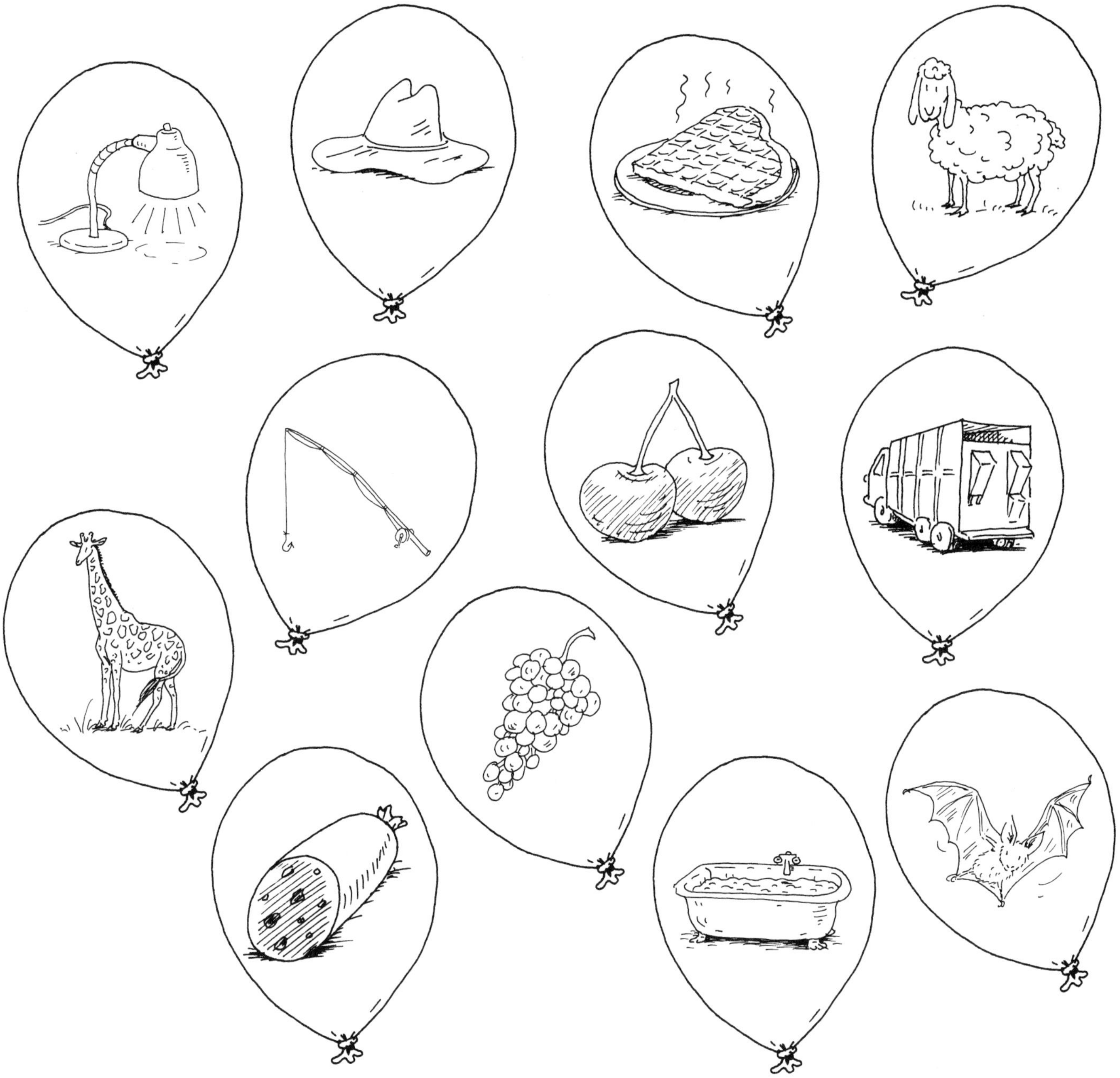

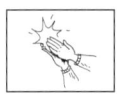 **Wie oft musst du klatschen?**

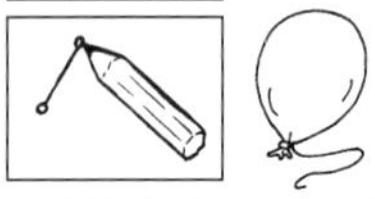

 Verbinde mit dem richtigen Kind.

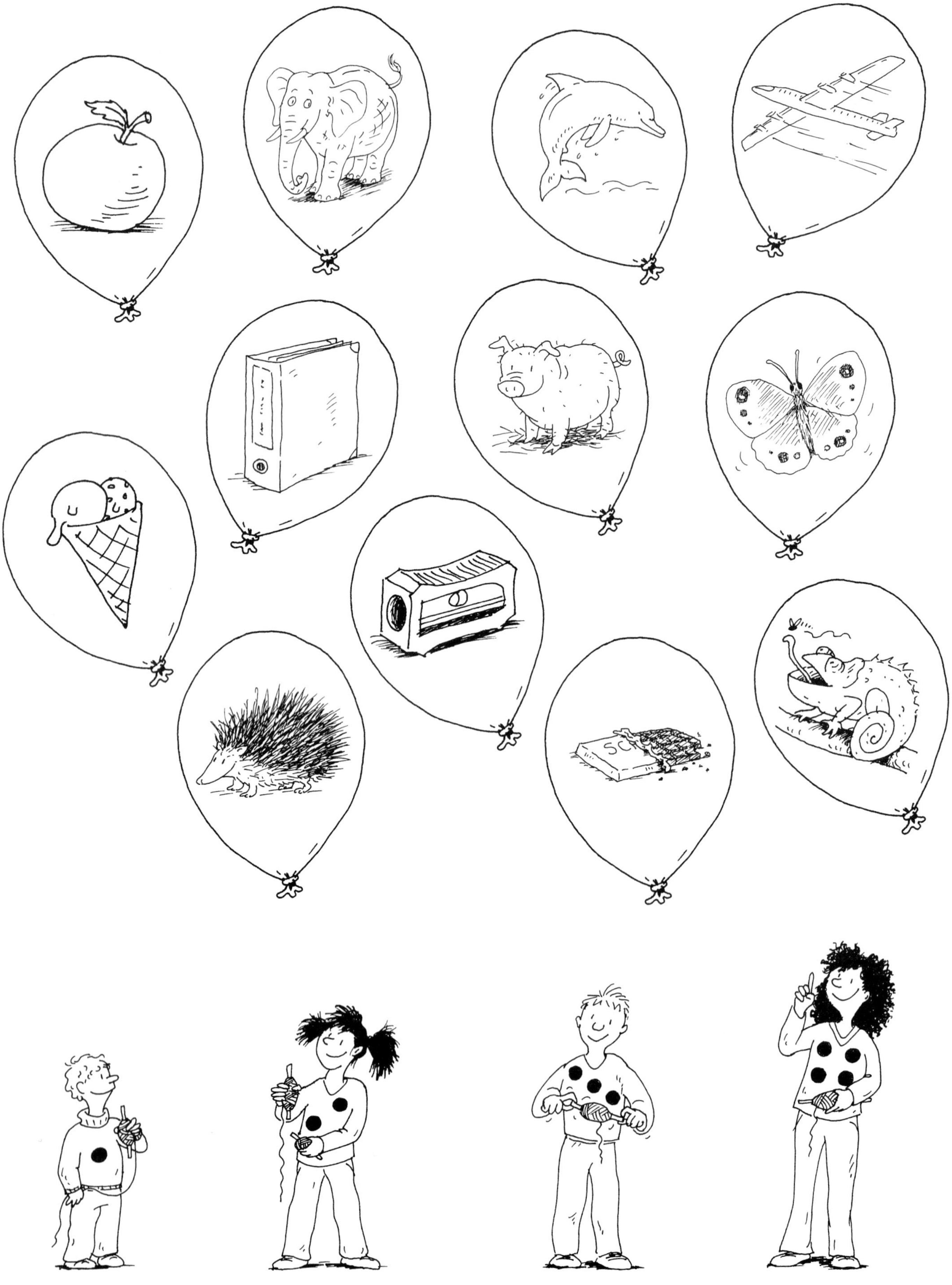

Der Schatz im Silben-See

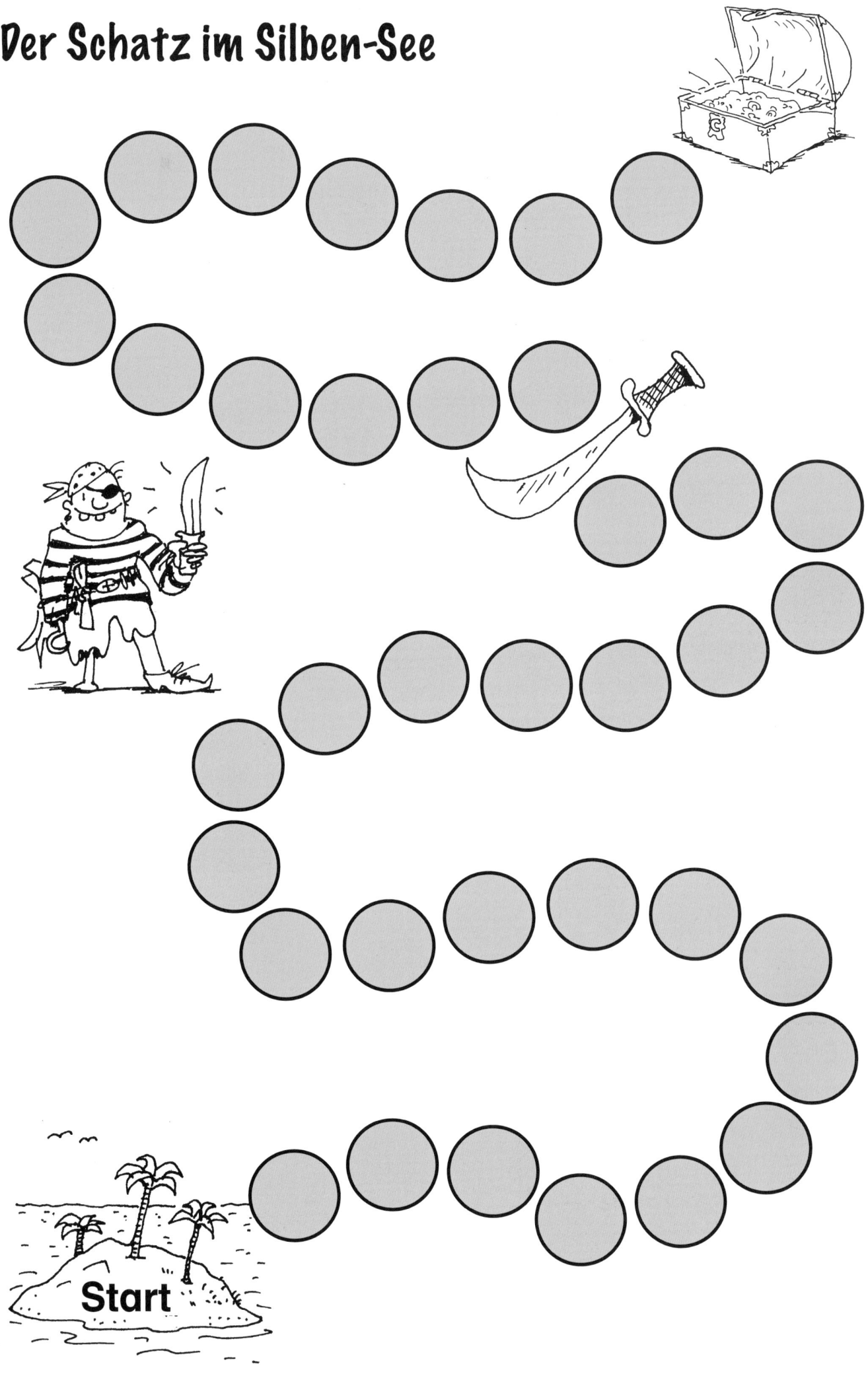

Der Schatz im Silben-See

Tiere

Der Schatz im Silben-See   Lebensmittel

Der Schatz im Silben-See **Kunterbunt**

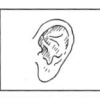
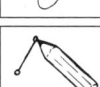

Welche Wörter reimen sich?
Verbinde die Reimpaare.

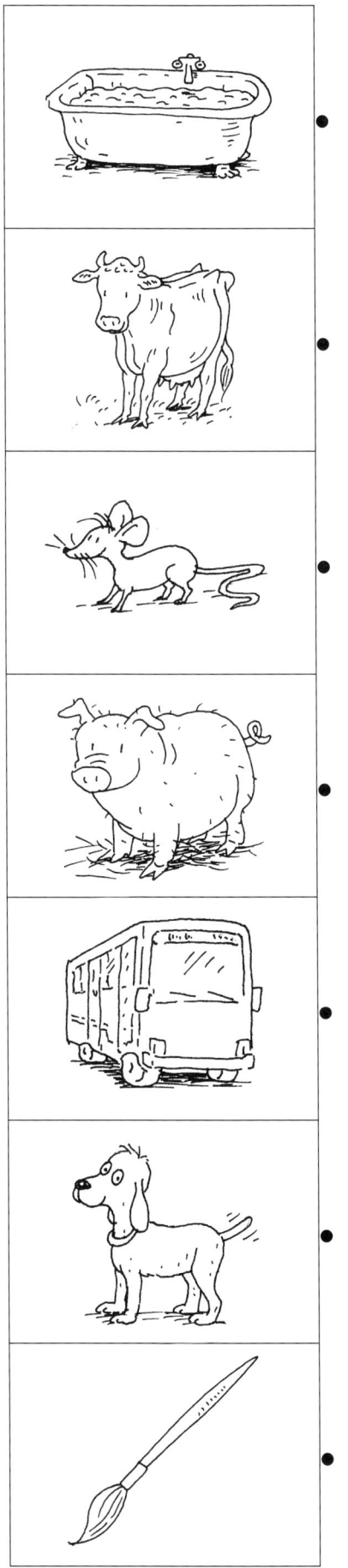

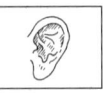

Welche Wörter reimen sich?

Verbinde die Reimpaare.

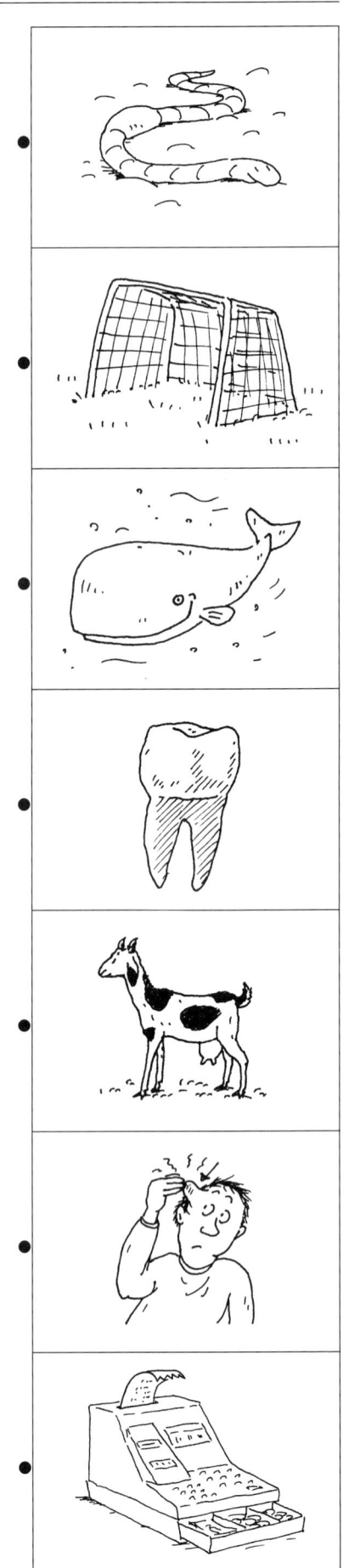

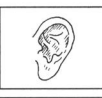 Welche Wörter reimen sich?

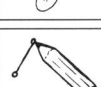 Verbinde die Reimpaare.

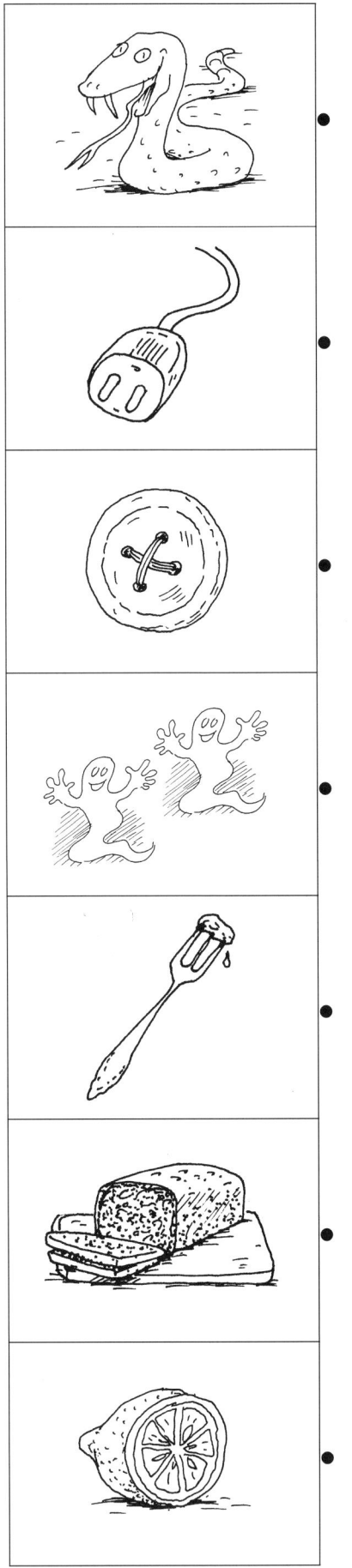
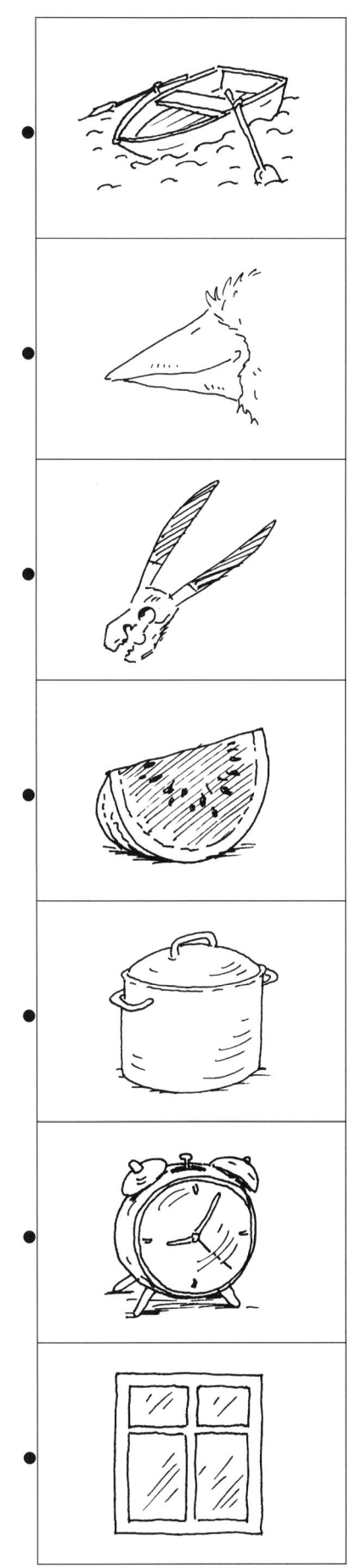

Welche Wörter reimen sich?
Verbinde die Reimpaare.

Welche Wörter reimen sich?

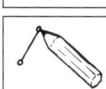 **Verbinde die Reimpaare.**

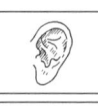

Welche 3 Wörter reimen sich?
Verbinde die Reimtrios.

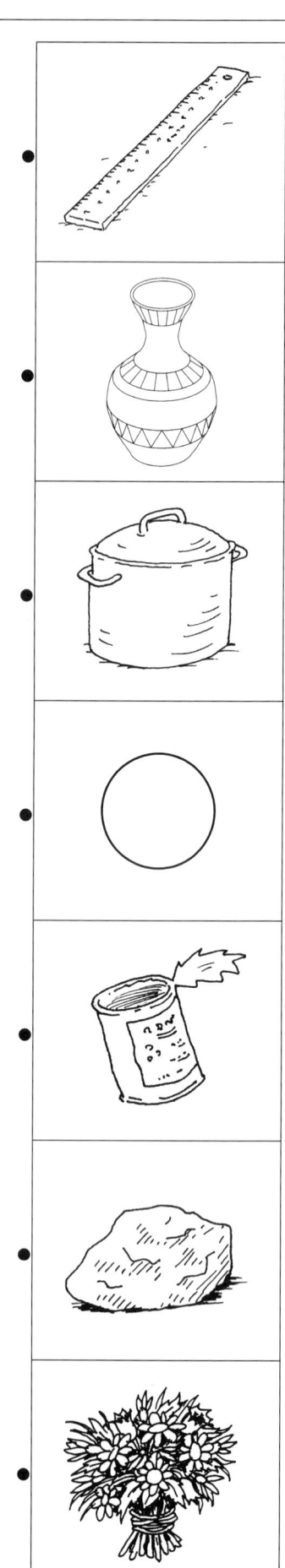

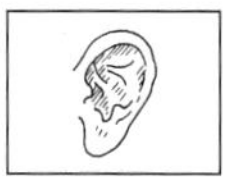

 Welche 3 Wörter reimen sich?
 **Verbinde die Reimtrios.**

Welche Wörter reimen sich?

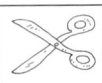 **Schneide die Bilder aus.**

 **Klebe sie zu ihrem Reimpartner ins Fenster.**

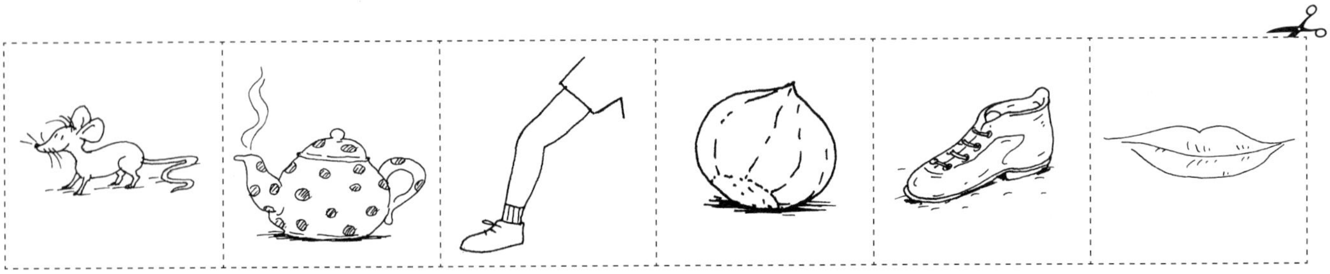

Welche Wörter reimen sich?

 Schneide die Bilder aus.

 Klebe sie zu ihrem Reimpartner ins Fenster.

Welche Wörter reimen sich?

 Schneide die Bilder aus.

 **Klebe sie zu ihrem Reimpartner ins Fenster.**

Welche Wörter reimen sich?

 Schneide die Bilder aus.

 Klebe sie zu ihrem Reimpartner ins Fenster.

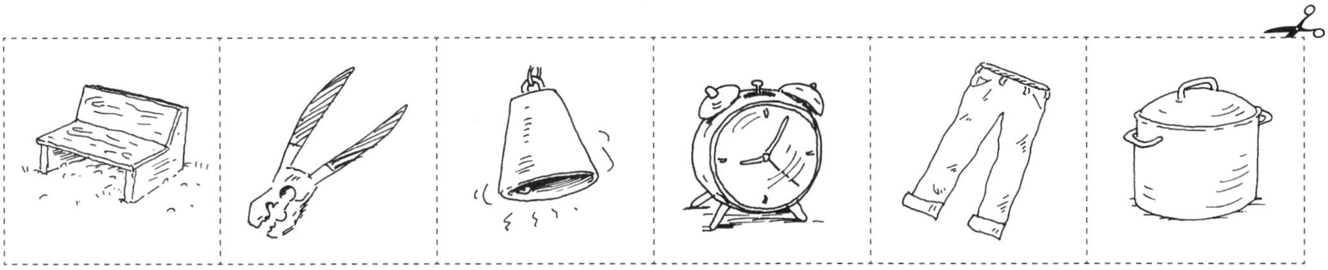

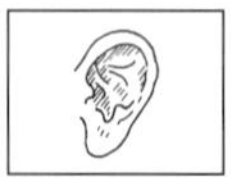

 Welche 3 Wörter reimen sich?

 Hänge die Reimtrios auf eine Leine.

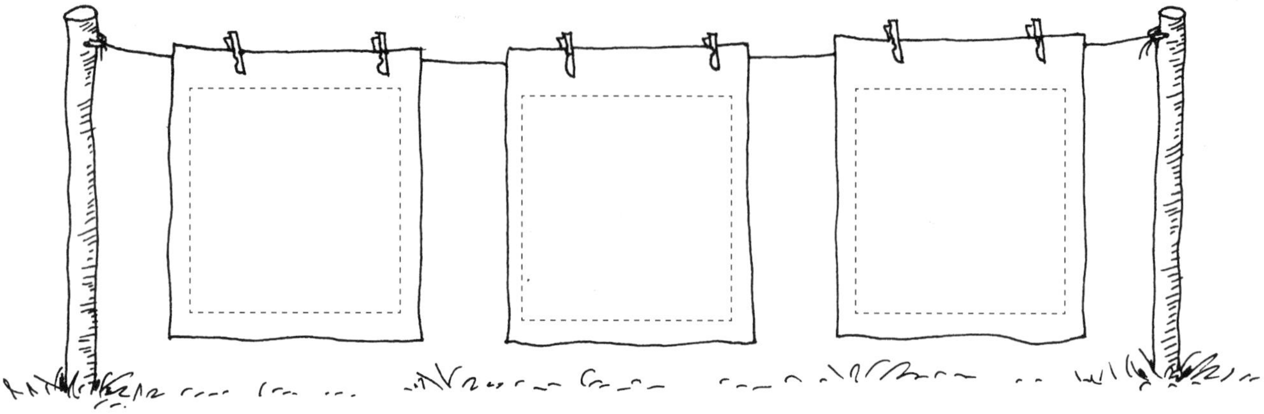

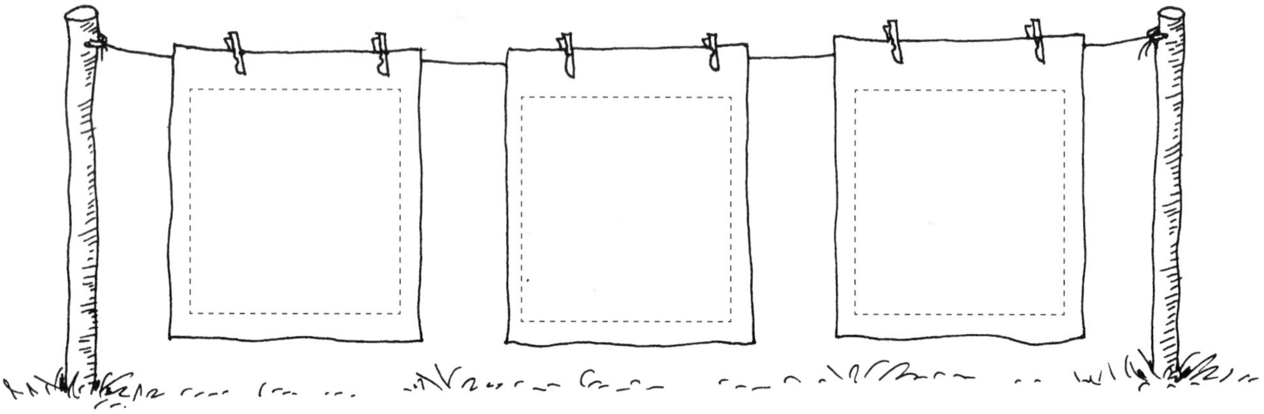

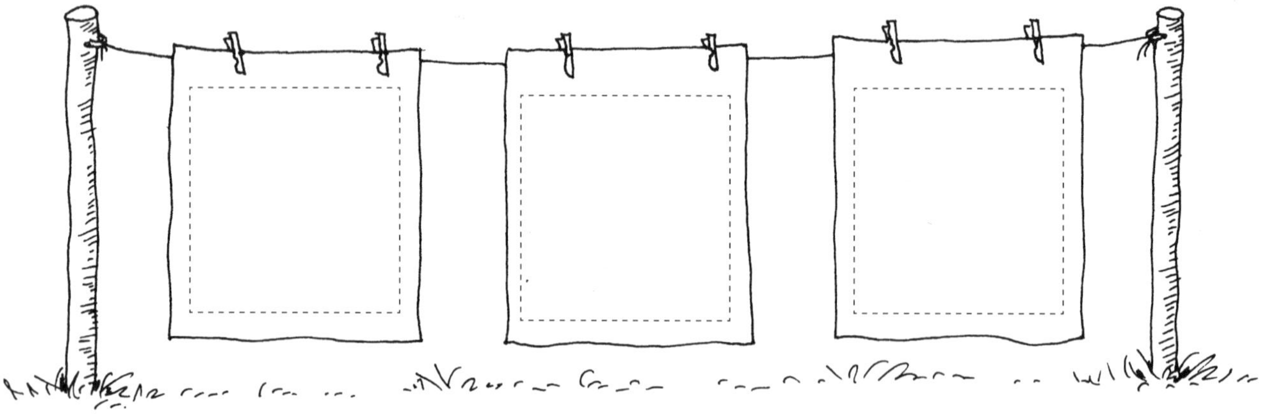

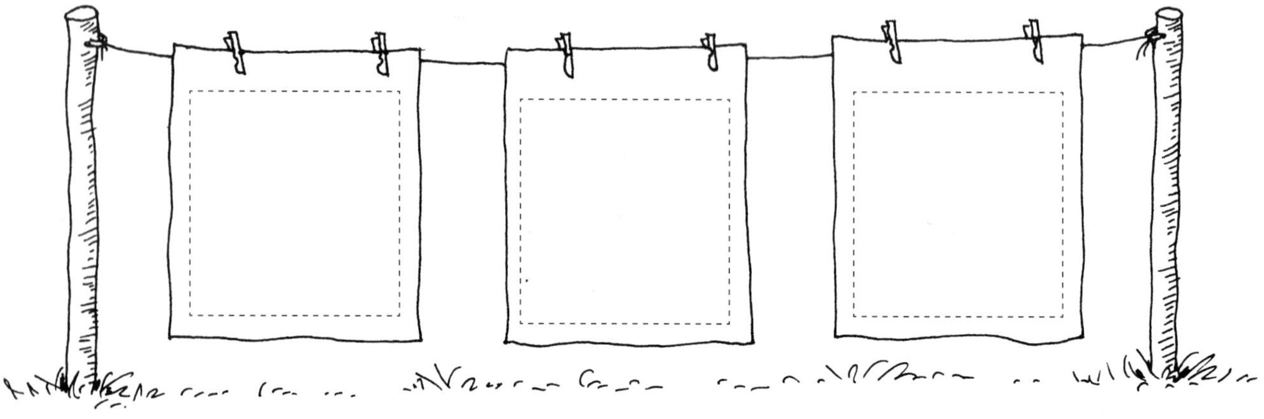

34

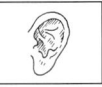 **Welche 3 Wörter reimen sich?**

 Schneide die Bilder aus.

 **Hänge die Reimtrios auf eine Leine.**

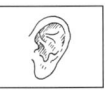 **Welche 3 Wörter reimen sich?**

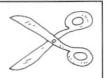 **Schneide die Bilder aus.**

 **Hänge die Reimtrios auf eine Leine.**

Welche 3 Wörter reimen sich?

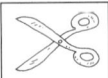 Schneide die Bilder aus.

 Hänge die Reimtrios auf eine Leine.

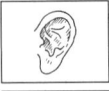 Welche 3 Wörter reimen sich?

 Schneide die Bilder aus.

 Hänge die Reimtrios auf eine Leine.

Reim-Domino

Kurze Version

37

Reim-Domino

Reim-Domino

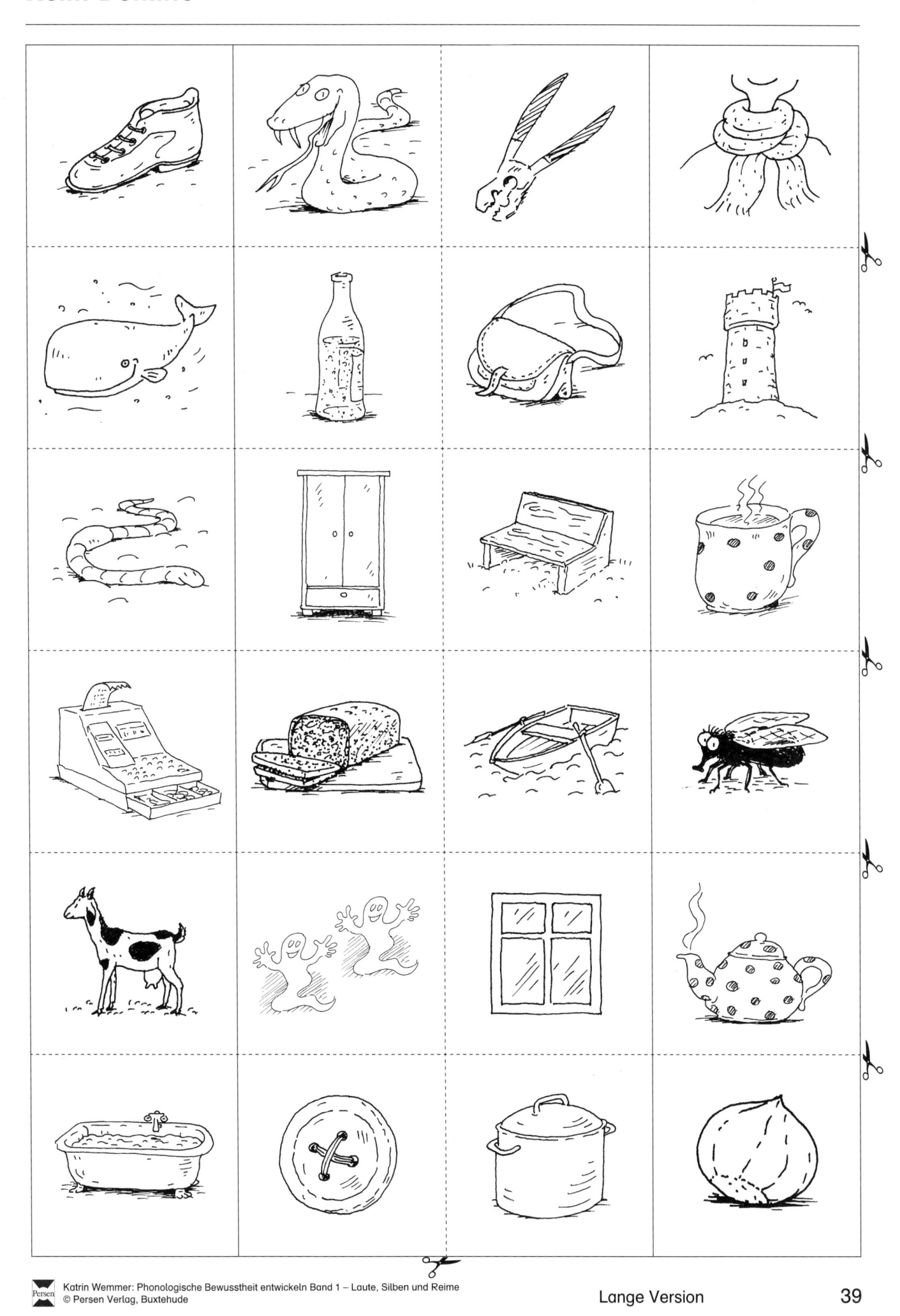

Reim-Memory

Reim-Memory

Reim-Memory

Reim-Bingo

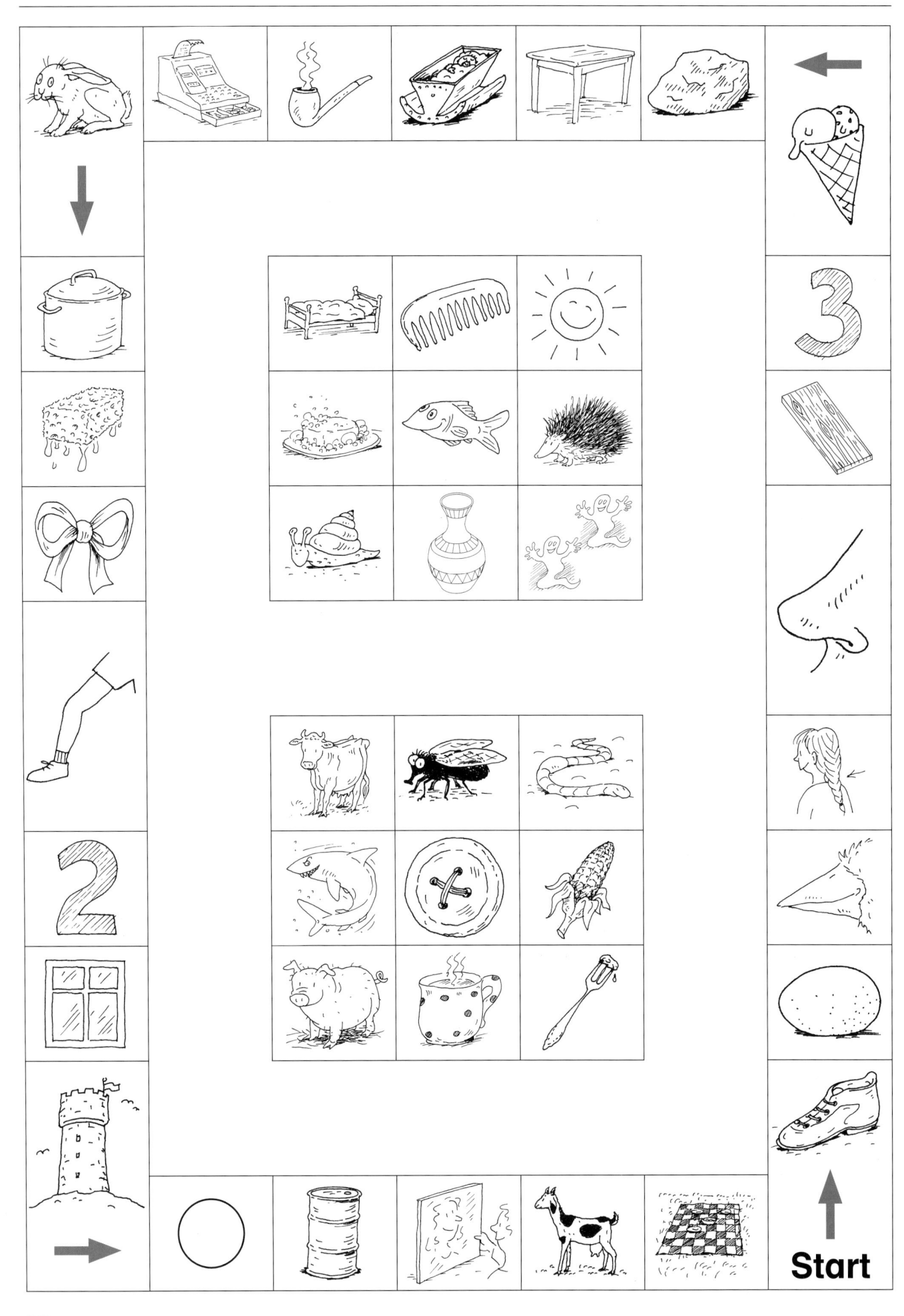

Reim-Bingo

Reim-Bingo

③

Start

45

Was hört sich am Anfang gleich an? Verbinde.

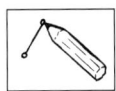

46 Konsonanten

Was hört sich am Anfang gleich an? Verbinde.

Was hört sich am Anfang gleich an? Verbinde.

Konsonanten

Was hört sich am Anfang gleich an? Verbinde.

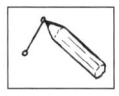

Was hört sich am Anfang gleich an? Verbinde.

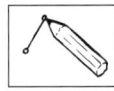

Vokale

Was hört sich am Anfang gleich an? Verbinde.

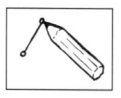

Vokale

51

Was hört sich am Anfang gleich an? Verbinde.

Achte auf lang — und kurz ●!

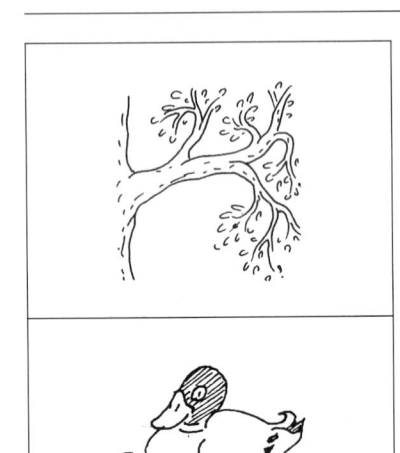

Was hört sich am Anfang gleich an? Kreise ein.

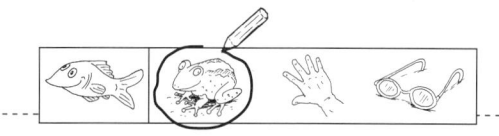

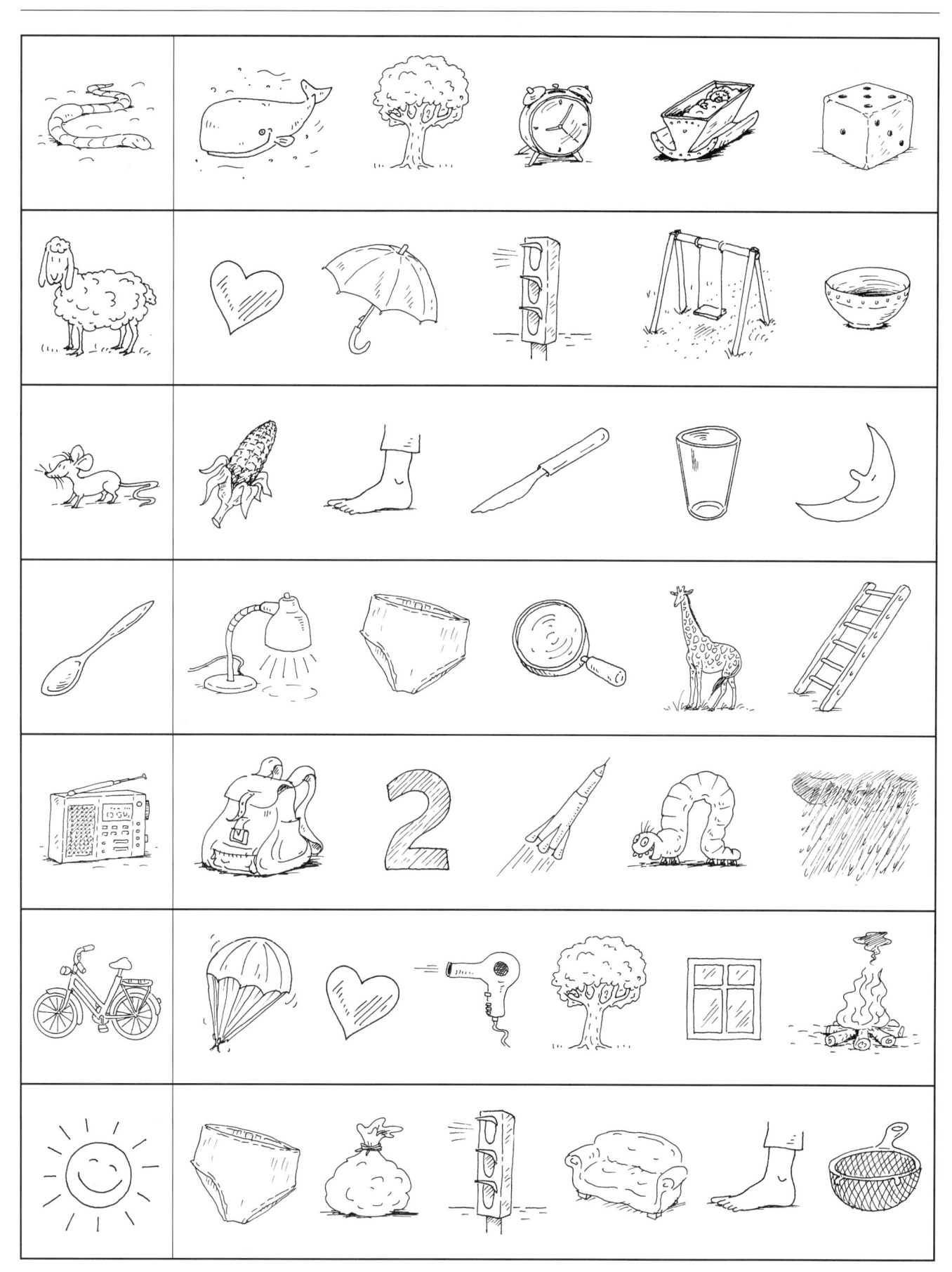

Konsonanten

Was hört sich am Anfang gleich an? Kreise ein.

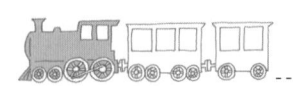

54 Konsonanten

Was hört sich am Anfang gleich an? Kreise ein.

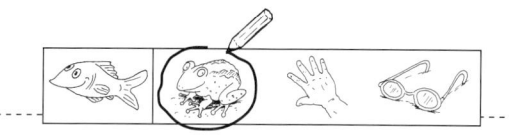

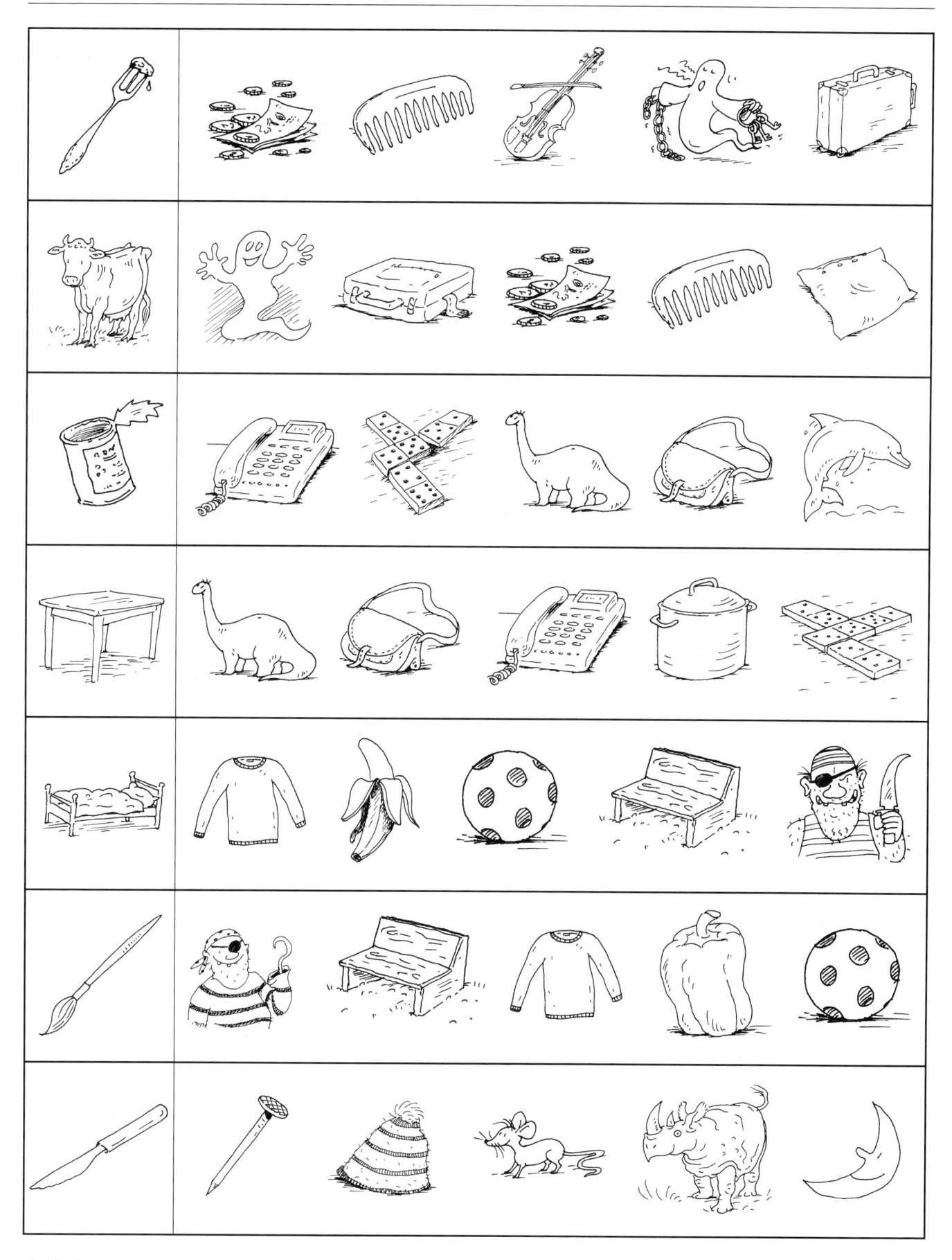

Konsonanten

Was hört sich am Anfang gleich an? Kreise ein.

56 Konsonanten

Was hört sich am Anfang gleich an? Kreise ein.

Vokale

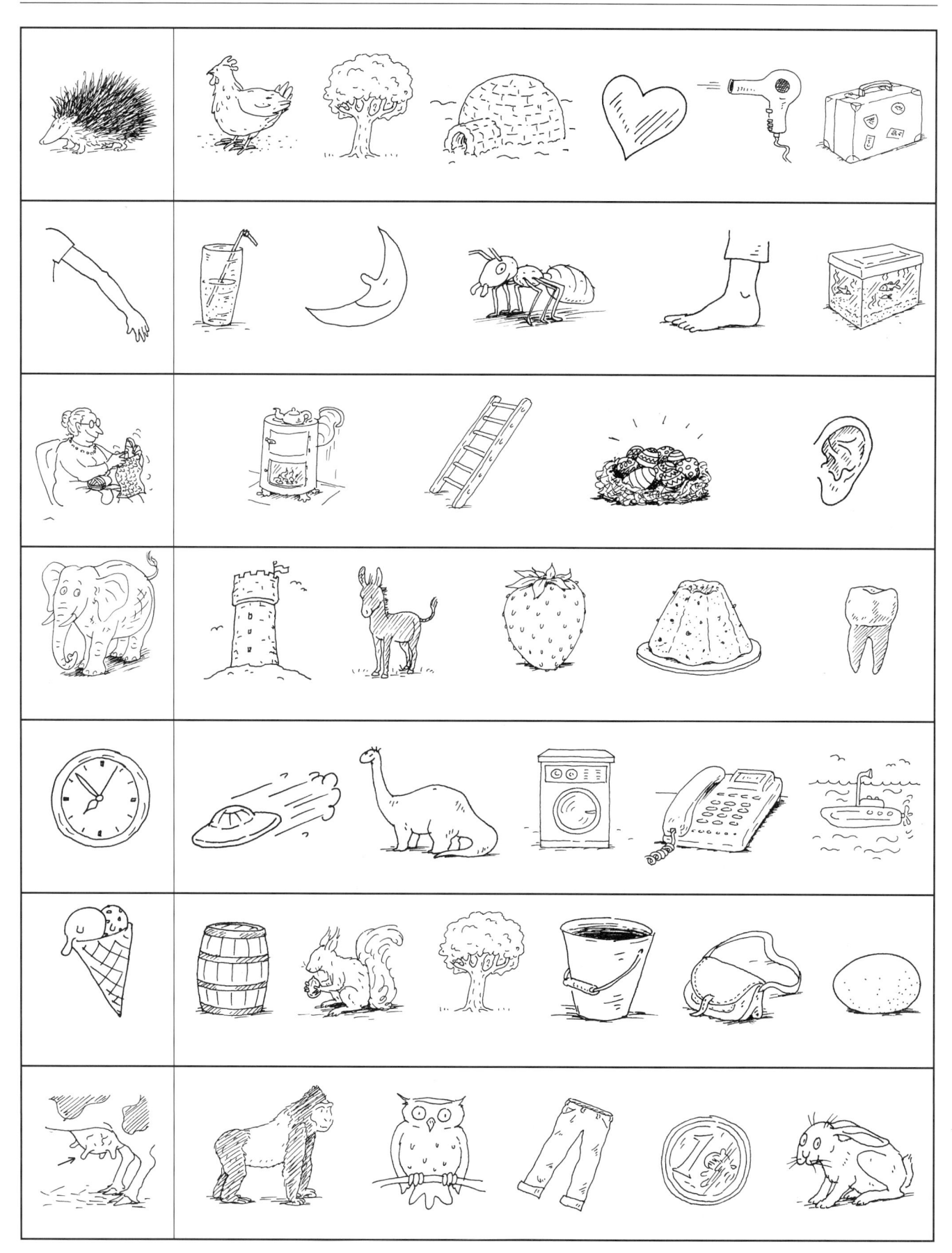

57

Was hört sich am Anfang gleich an? Kreise ein.

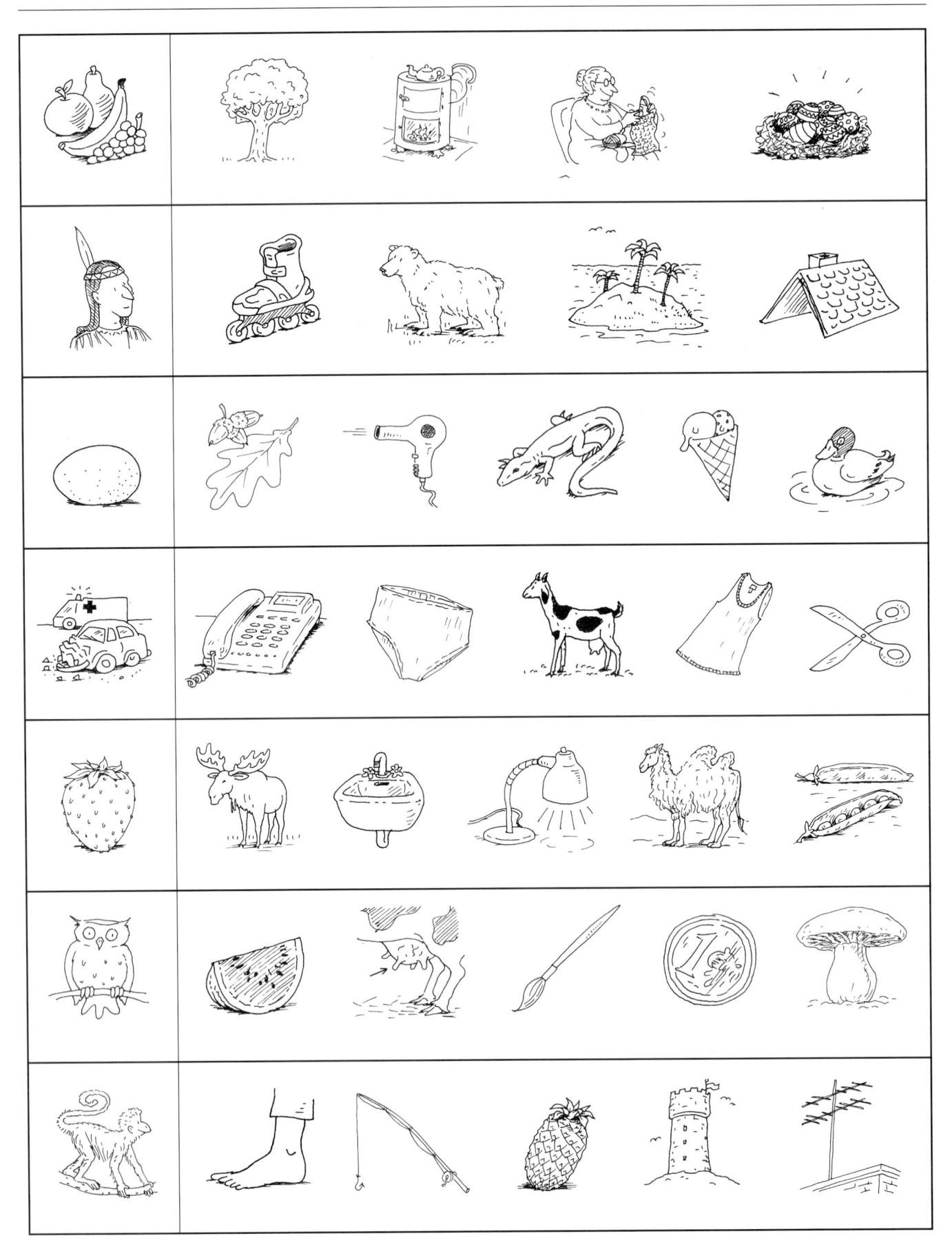

58 Vokale

Katrin Wemmer: Phonologische Bewusstheit entwickeln Band 1 – Laute, Silben und Reime
© Persen Verlag, Buxtehude

Anlaut-Memory

Anlaut-Memory: Erweiterung „schwierige Konsonanten"

Anlaut-Memory: Erweiterung „Vokale"

☆ ☆ ☆

Anlaut-Domino (kurz)

Anlaut-Domino (lang) – Teil 1

☆☆

Anlaut-Domino (lang) – Teil 2

Was hört sich am Ende gleich an? Kreise ein.

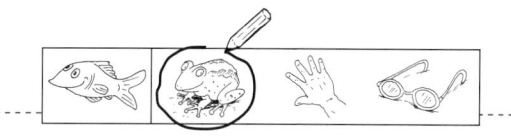

Was hört sich am Ende gleich an? Kreise ein.

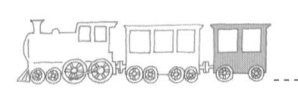

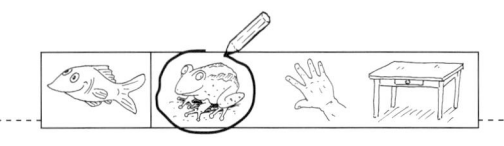

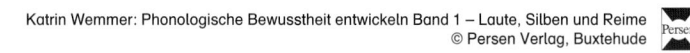

Anlaut-Auslaut-Domino (kurz)

Anlaut-Auslaut-Domino (lang) – Teil 1

Anlaut-Auslaut-Domino (lang) – Teil 2

☆☆

Was hörst du im Wort?

Schneide die Bilder aus.

Klebe sie in den Turm.

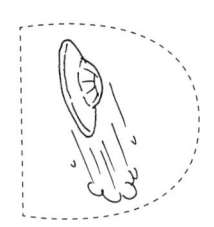

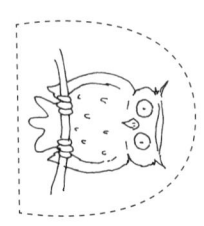

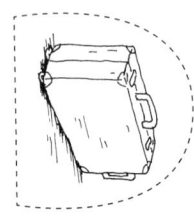

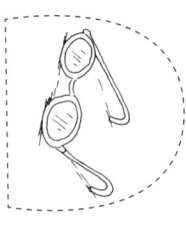

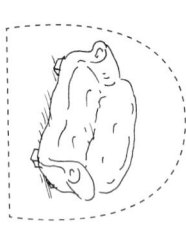

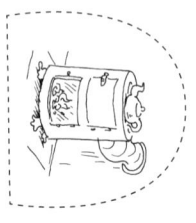

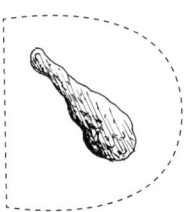

Diesen Teil abschneiden.

☆ Inlaut f, l

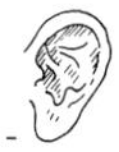

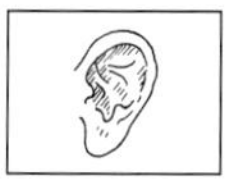

Was hörst du im Wort?

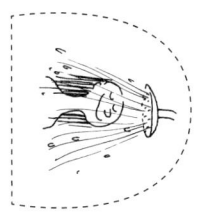

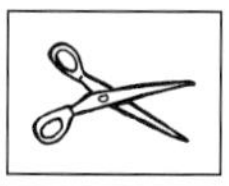

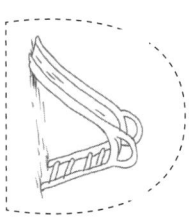

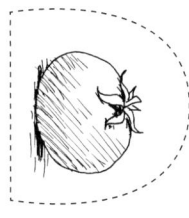

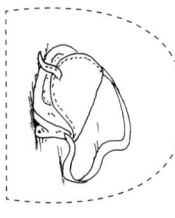

Schneide die Bilder aus.

Klebe sie in den Turm.

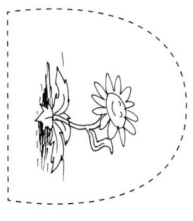

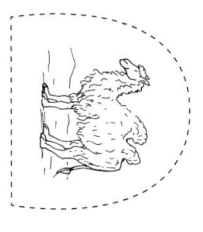

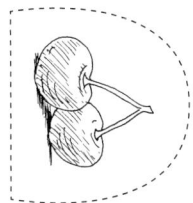

Diesen Teil abschneiden.

☆ Inlaut sch, m

Katrin Wemmer: Phonologische Bewusstheit entwickeln Band 1 – Laute, Silben und Reime
© Persen Verlag, Buxtehude

Was hörst du im Wort?

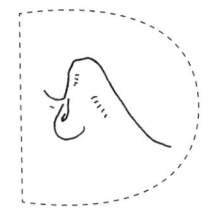

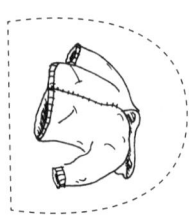

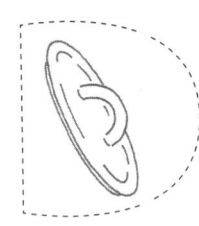

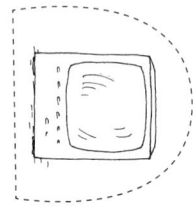

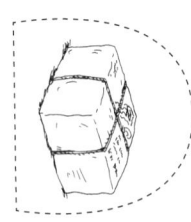

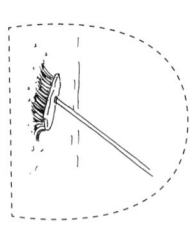

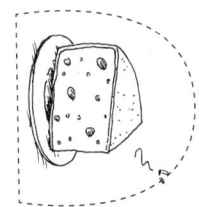

Schneide die Bilder aus.

Klebe sie in den Turm.

Diesen Teil abschneiden.

☆ ☆ Inlaut k, s

Was hörst du im Wort?

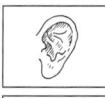

Schneide die Bilder aus.

Klebe sie in den Turm.

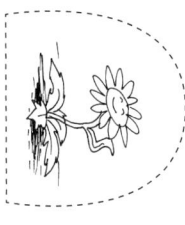

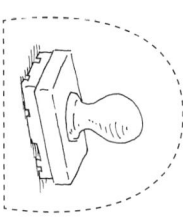

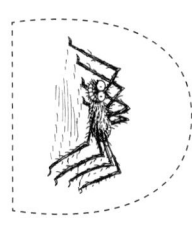

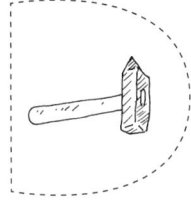

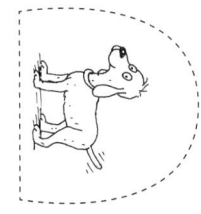

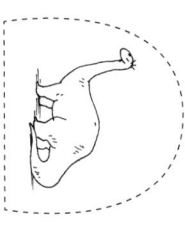

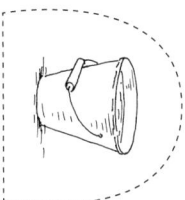

Diesen Teil abschneiden.

☆☆☆ Inlaut m, n

Was hörst du im Wort?
Schneide die Bilder aus.
Klebe sie in den Turm.

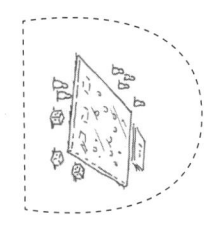

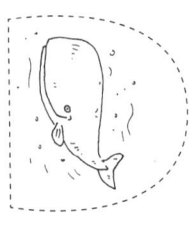

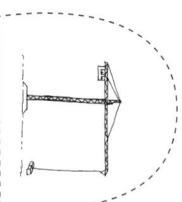

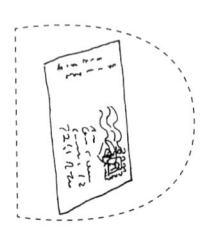

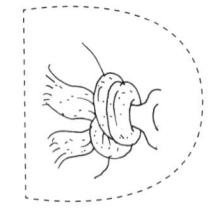

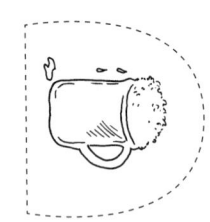

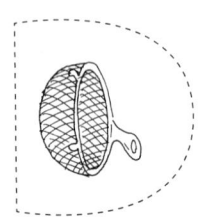

Diesen Teil abschneiden.

Inlaut a, i

	Was hörst du im Wort?
✂	Schneide die Bilder aus.
	Klebe sie in den Turm.

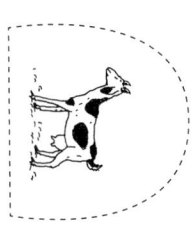

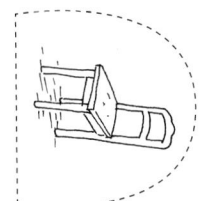

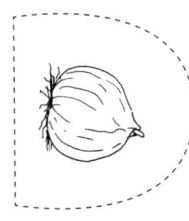

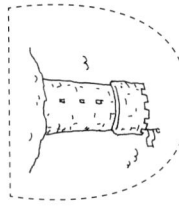

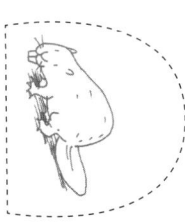

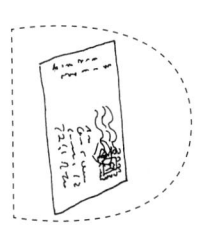

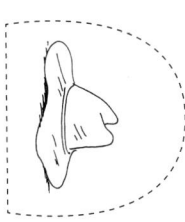

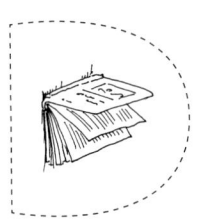

Diesen Teil abschneiden.

☆ ☆ ☆ ☆ Inlaut i, u

Katrin Wemmer: Phonologische Bewusstheit entwickeln Band 1 – Laute, Silben und Reime
© Persen Verlag, Buxtehude

Laut-Zug

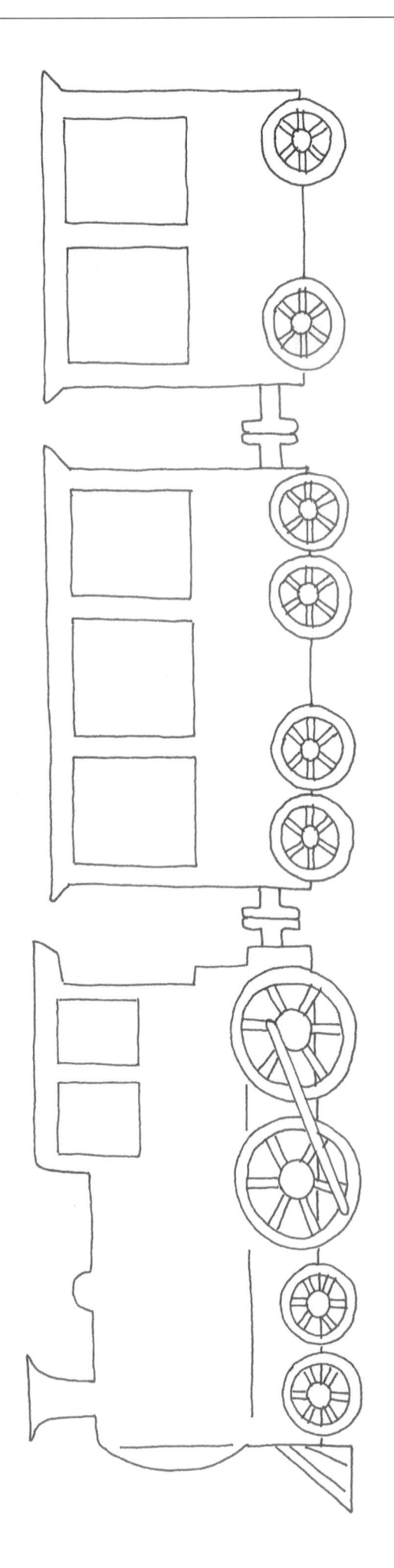

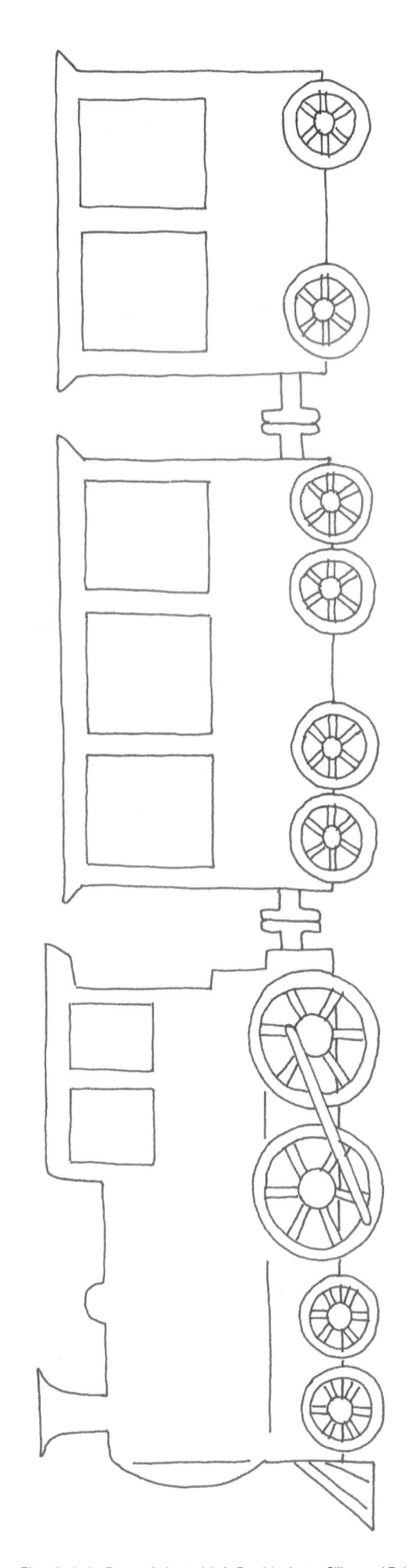